Impressum

Steinparzer GmbH
Blumau 36
4443 Maria Neustift
Mitglied bei: WKO OÖ
Kontakt bei inhaltlichen Fragen
michaelsteinparzer@gmail.com

www.ingramcontent.com/pod-product-compliance
Lightning Source LLC
Chambersburg PA
CBHW081738220526
45468CB00008B/2146
9781798899670